اسڪول - colegio 2
سفر - viaje 5
آمد و رفت - transporte 8
شهر - ciudad 10
زميني منظر - paisaje 14
روسٽورينٽ - restaurante 17
سپر مارڪيٽ - supermercado 20
مشروب - bebidas 22
خوراڪ - comida 23
فارم - granja 27
گهر - casa 31
لوونگ روم - living 33
باورچي خانو - cocina 35
غسل خانو - baño 38
ٻارن جو ڪمرو - cuarto de los chicos 42
لباس - ropa 44
آفس - oficina 49
معيشت - economía 51
پيشو - ocupaciones 53
اوزار - herramientas 56
موسيقي جا اوزار - instrumentos musicales 57
چڙيا گهر - zoológico 59
راند - deportes 62
سرگرميون - actividades 63
خاندان - familia 67
جسم - cuerpo 68
اسپتال - hospital 72
ايڪسري - emergencia 76
زمين - Tierra 77
ڪلاڪ - reloj 79
هفتو - semana 80
سال - año 81
شڪلون - formas 83
ڪلر - colores 84
مخالف - opuestos 85
نمبرز - números 88
ٻوليون - idiomas 90
ڪير / ڇا / ڪيئن - quién / qué / cómo 91
ڪاڏي - dónde 92

Impressum
Verlag: BABADADA GmbH, Nedderfeld 112 , 22529 Hamburg
Geschäftsführer / Verlagsleitung: Harald Hof
Druck: Books on Demand GmbH, In de Tarpen 42, 22848 Norderstedt

Imprint
Publisher: BABADADA GmbH, Nedderfeld 112 , 22529 Hamburg, Germany
Managing Director / Publishing direction: Harald Hof
Print: Books on Demand GmbH, In de Tarpen 42, 22848 Norderstedt

1

اسڪول

colegio

ڪلاس روم
aula
dividir
186/2
pizarrón
patio de escuela
استاد
maestro
papel
escribir
پين
birome
ميز
escritorio
regla
libro
شاگرد
alumno

بستو

mochila

پينسل باڪس

caja de lápices

پينسل

lápiz

پينسل شارپنر

sacapuntas

رٻڙ

goma (de borrar)

ڊرائنگ پيڊ

bloc de dibujo

ڊرائنگ

dibujo

پينٽ برش

pincel

پينٽ باڪس

caja de pinturas

قينچي

tijera

ڪئونر

pegamento

مشق ڪرڻ واري ڪاپي

cuaderno de ejercicios

هوم ورڪ

tarea

عدد

número

جوڙ ڪرڻ

sumar

ڪٽ ڪرڻ

restar

ضرب ڪرڻ

multiplicar

حساب ڪرڻ

calcular

خط

letra

الفابيٽ

abecedario

hello

لفظ

palabra

اسڪول - colegio

مضمون

....

texto

پڙهڻ

....

leer

چاڪ

....

tiza

سبق

....

lección

رجسٽر

....

cuaderno de clase

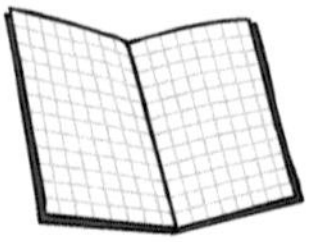

امتحان

....

examen

سرٽيفڪيٽ

....

certificado

اسڪول يونيفارم

....

uniforme escolar

تعليم

....

educación

انسائڪلوپيڊيا

....

enciclopedia

يونيورسٽي

....

universidad

خوردبيني

....

microscopio

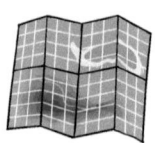

نقشو

....

mapa

ردي جي ٽوڪري

....

tacho (de basura)

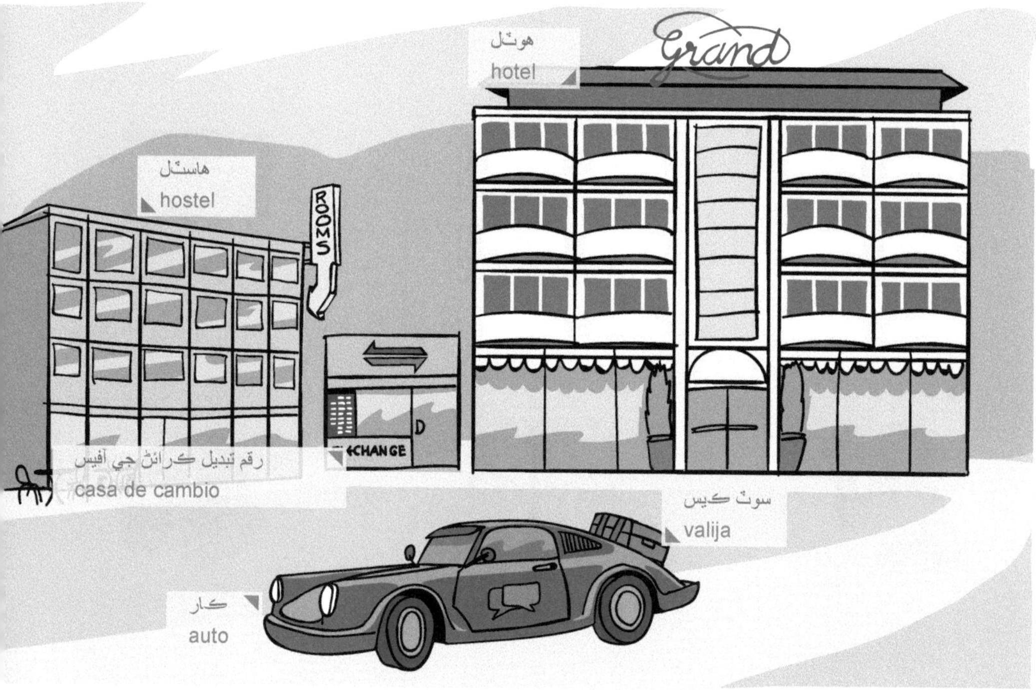

هوٹل
hotel
Grand
ہاسٹل
hostel
ROOMS
EXCHANGE
رقم تبديل ڪرائڻ جي آفيس
casa de cambio
سوٽ ڪيس
valija
ڪار
auto

ٻولي
idioma

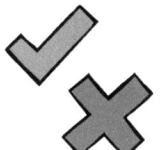

ها يا نه
sí / no

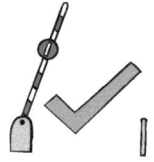

صحيح آهي
Está bien

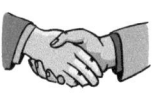

هيلو
hola

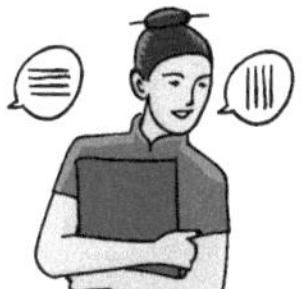

مترجم
traductor

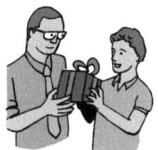

مهرباني
Gracias

هن جي قيمت گهڻي آهي.....؟

....

¿cuánto cuesta...?

مون کي سمجھ ۾ نٿو اچي

....

No entiendo

مسئلو

....

problema

گڊ ايوننگ

....

¡Buenas tardes!

صبح بخير

....

¡Buenos días!

شب خير

....

¡Buenas noches!

الوداع

....

adiós

طرف

....

dirección

سفري سامان

....

equipaje

بيگ

....

bolso

پويان بڌن وارو بيگ

....

mochila

مهمان

....

invitado

ڪمرو

....

habitación

بستر وارو بيگ

....

bolsa de dormir

خيمو

....

carpa

سیاحت بابت معلومات

....

información turística

سمند کنارو

....

playa

کریډټ کارډ

....

tarjeta de crédito

ناشتو

....

desayuno

لنچ

....

almuerzo

ډنر

....

cena

ټکټ

....

pasaje

لفټ

....

ascensor

مهر

....

sello

سرحد

....

frontera

ګاهک

....

aduana

سفارتخانو

....

embajada

ویزا

....

visa

پاسپورټ

....

pasaporte

آمد و رفت

transporte

هوائي جهاز
avión
سمنبري جهاز
barco
باه واسائڻ واري گاڏي
autobomba
بس
colectivo
camión
lancha a motor
سائيڪل
bicicleta
auto

فيري
....
ferry

ٻيڙي
....
bote

موٽر سائيڪل
....
moto

پوليس ڪار
....
patrullero

ريسنگ ڪار
....
auto de carreras

رينٽل ڪار
....
auto de alquiler

چشئیرنگ کار

alquiler de autos

چکڑ وارو ٹرک

grúa

کچري واري ٹرک

camión de basura

کار

motor

فیول

nafta

پیٹرول اسٹیشن

estación de servicio

ٹریفک جا نشان

señal de tránsito

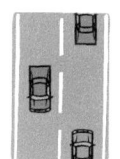

ٹریفک

tránsito

ٹریفک جام

embotellamiento

کار پارک

estacionamiento

ٹرین اسٹیشن

estación de tren

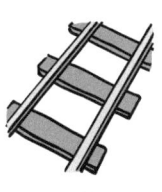

پٹڑیون

vías

ٹرین

tren

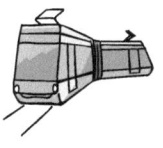

ٹرام

tranvía

ویگن

vagón

هيليڪاپٽر

helicóptero

ايئرپورٽ

aeropuerto

ٽاور

torre

مسافر

pasajero

ڪنٽينر

contenedor

ٻڪو

caja de cartón

ريڙهي

carretilla

ٽوڪري

canasta

اڏرڻ / زمين تي لهڻ

despegar / aterrizar

شهر

ciudad

ڳوٺ

pueblo

شهر جو مرڪز

centro de ciudad

گهر

casa

سينيما
cine
اشتهار نامو
publicidad
farol
calle
taxi
اسنيڪ شاپ
kiosco
پيدل هلڻ وارن لاءِ رستو
peatón
پڪو رستو
vereda
زيبرا ڪراسنگ
paso peatonal
بن
contenedor de basura
ڪراسنگ
cruce
semáforo

جهوپڙي

cabaña

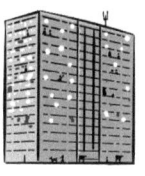

فليٽ

departamento

ٽرين اسٽيشن

estación de tren

ٽائون هال

municipalidad

عجائب گهر

museo

اسڪول

colegio

يونيورسٽي

universidad

بينڪ

banco

اسپتال

hospital

هوٽل

hotel

فارميسي

farmacia

آفس

oficina

ڪتابن جي ڪتاب

librería

دڪان

negocio

گلن جي دڪان

florería

سپر مارڪيٽ

supermercado

مارڪيٽ

mercado

ڊپارٽمينٽ اسٽور

grandes tiendas

مڇي جي دڪان

pescadería

شاپنگ سينٽر

centro comercial

بندرگاھ

puerto

پارک

parque

بینچ

banco

پل

puente

ڈاکڑ

escaleras

زیز زمین میٹرو

subte

سرنگ

túnel

بس اسٹاپ

parada del colectivo

شراب خانو

bar

روسٹورینٹ

restaurante

پوسٹ باکس

buzón

اسٹریٹ سائن

letrero

پارکنگ میٹر

parquímetro

چڑیا گھر

zoológico

سوئمنگ پول

pileta

مسجد

mezquita

فارم

granja

آلودگي

contaminación

قبرستان

cementerio

چرچ

iglesia

راند جو ميدان

juegos infantiles

مندر

templo

زميني منظر

paisaje

پتو
hoja

سائن بورڊ
poste indicador

رستو
camino

ساوڪ واري زمين
pradera

پٿر
piedra

وڻ
árbol

پيادل هلڻ وارو هائيڪر
excursionista

دريا
río

چمر
hierba

گل
flor

وادي

valle

جبل

montaña

ڍنڍ

lago

ٻيلو

bosque

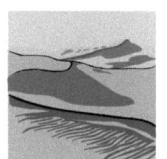

ريگستان

desierto

آتش فشان

volcán

قلعو

castillo

اندلٺ

arco iris

ڪنڀي

champiñón

ڪهجي جو وڻ

palmera

مڇر

mosquito

مک

mosca

ڪيولي

hormiga

ماکي جي مک

abeja

مڪڙي

araña

ټنبڼ

....

escarabajo

ډيډر

....

rana

نوريېژو

....

ardilla

چاهو

....

erizo

خرگوش

....

liebre

چېړو

....

lechuza

پکي

....

pájaro

بدک

....

cisne

سوئر

....

jabalí

هرڻ

....

ciervo

آمريڪي هرڻ جو قسم

....

alce

ډيم

....

presa

هوا سان هلڻ واروٽربائين

....

aerogenerador

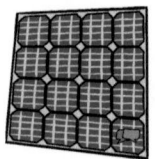

سولر پينل

....

panel solar

آب و هوا

....

clima

روسٽورينٽ
restaurante

ويٽر
mozo
ڪاڌي جي فهرست
menú
silla
سوپ
sopa
پيزا
pizza
ٽيبل جو ڪپڙو
mantel
چهري ڪانٽا
cubiertos

اسٽارٽر
....
entrada

مين ڪورس
....
plato principal

ڪاڌي ڪانپوءِ ڪائڻ وارو مٺو
....
postre

مشروب
....
bebidas

خوراڪ
....
comida

بوتل
....
botella

فاسٽ فوڊ
....
comida rápida

اسٽريٽ فوڊ
....
comida callejera

ڪيٽلي
....
tetera

شگر باؤل
....
azucarera

ٽڪڙو
....
porción

ايسپريسو مشين
....
cafetera expreso

اونچي ڪرسي
....
sillita alta

بل
....
cuenta

ٽري
....
bandeja

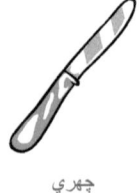

ڇري
....
cuchillo

ڪانٽو
....
tenedor

چمچ
....
cuchara

چانهن جو چمچو
....
cucharita

سرويئٽي
....
servilleta

گلاس
....
vaso

روسٽورينٽ - restaurante

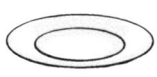

پليٽ

plato

سوپ پليٽ

plato hondo

ساسر

plato

چٽني

salsa

لوڻ داني

salero

مرچ پيسڻ وارو

molinillo de pimienta

سرڪو

vinagre

کاڌو پچائڻ وارو تيل

aceite

مصالحو

especias

ڪيچ اپ

kétchup

سرنهن

mostaza

مايونيز

mayonesa

سپر مارڪيٽ

supermercado

خصوصي آفر
oferta especial
FOR
خريدار
cliente
بيري
lácteos
fruta
changuito

گوشت جي دڪان

carnicería

بيڪري

panadería

وزن ڪرڻ

pesar

سبزيون

verduras

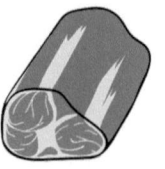

گوشت

carne

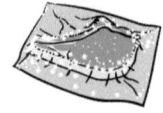

جميل کاڌو

alimentos congelados

سرد گوشت

fiambres

دبي ۾ بند کاڌو

alimentos enlatados

واشنگ پاؤڊر

detergente en polvo

مٺائي

golosinas

گهريلو سامان

electrodomésticos

صفائي ڪرڻ وارا پراڊڪٽس

productos de limpieza

سيلز پرسن

vendedora

ڪيش رجسٽر

caja

خزانچي

cajero

خريداري جي فهرست

lista de compras

اوقات ڪار

horario de atención

پرس

billetera

ڪريڊٽ ڪارڊ

tarjeta de crédito

بيگ

cartera

پلاسٽڪ بيگ

bolsa de plástico

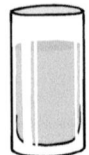

مشروب

bebidas

پاڻي

agua

جوس

jugo

کير

leche

ڪوڪ

bebida cola

وائن

vino

بيئر

cerveza

الڪوهل

alcohol

ڪوڪو

cacao

چائي

té

ڪافي

café

ايسپريسو

café expreso

ڪيپوچينو

cappuccino

خوراک

comida

کیلو

banana

صوف

manzana

مالټو

naranja

خربوزو

melón

ليمون

limón

گجر

zanahoria

ثوم

ajo

بانس

bambú

بصر

cebolla

كنيي

champiñón

اخروټ، بادام

nueces

نوبلز

fideos

اسپيگٽي

tallarines

چانور

arroz

سلاد

ensalada

چپس

papas fritas

تريل پٽاٽا

papas fritas

پيزا

pizza

هيم برگر

hamburguesa

سينبوچ

sándwich

گوشت جو ٽڪرو

churrasco

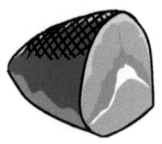

سور جي ران جو گوشت

jamón

خشڪ گوشت

salame

ساسيج

salchicha

مرغي

pollo

روسٽ

asado

مڇي

pescado

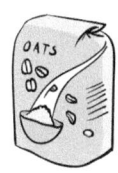

جوَ جو دليا

copos de avena

ميوزلي

muesli

كارن فليكس

copos de maíz

اٹو

harina

كروئسنٹ

medialuna

بريڈ رول

pancito

بريڈ

pan

ٹوسٹ

tostada

بسکٹ

galletitas

مکٹا

manteca

دهي

cuajada

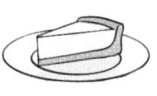

کيک

torta

انڊا

huevo

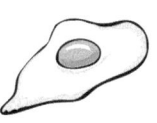

فرائي ٿيل انڊو

huevo frito

پنير

queso

آنس ڪريم

helado

ڪنڊ

azúcar

ماکي

miel

مربو

mermelada

چاڪليٽ اسپريڊ

pasta de chocolate

ڀاڄي

curry

فارم
granja

granja
گدام
granero
پلال جوگنڊ
fardo de paja
زمين
campo
گهوڙو
caballo
ٽريلر
remolque
گهوڙي جو ٻچو
potrillo
ٽريڪٽر
tractor
گڏه
burro
رڍ
oveja
cordero

ٻڪري
cabra

ڳئون
vaca

پاڏو
ternero

سؤر
cerdo

سؤر جو ٻچو
lechón

ڍڳو
toro

هنس

ganso

بدڪ

pato

چوزا

pollo

مرغي

gallina

مرغو

gallo

ڪوئو

rata

ٻلي

gato

ڪوئو

ratón

ڏاند

buey

ڪتو

perro

ڪتي جو گھر

cucha

گاربن هوز

manguera

پاڻي جو ڪين

regadera

ڏاٽو

guadaña

هر

arado

ڏاٽو

hoz

رنبو

azada

ڏانداري

horquilla

ڪهاڙو

hacha

هٿ سان هلائڻ واري ريڙهي

carretilla

حوض

abrevadero

ڪير جو ڏبو

lechera

ڳوڻ

bolsa

لوڙهو

reja

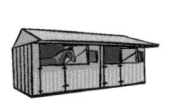

اصطبل

establo

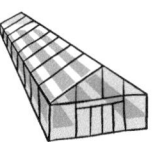

گرين هائوس

invernadero

مٽي

suelo

ٻج

semilla

ڪهاد

fertilizador

ڪمبائنڊ هارويسٽر

cosechadora

فصل ڪٽڻ

cosechar

فصل ڪٽڻ

cosecha

هڪ قسم جي ترڪاري

batatas

ڪڻڪ

trigo

سويا

soja

پٽاٽو

papa

مڪائي

maíz

توري جو ٻج

semilla de colza

ميون جو وڻ

árbol frutal

ڪساوا

mandioca

اناج

cereales

گهر

casa

چمني
chimenea
techo
نڪاسي جو پائپ
caño de desagüe
دري
ventana
گيراج
garaje
دروازي جي گھنٽي
timbre
دروازو
puerta
ڪچري جي ٽوڪري
tacho de basura
ليٽر باڪس
buzón
باغ
jardín

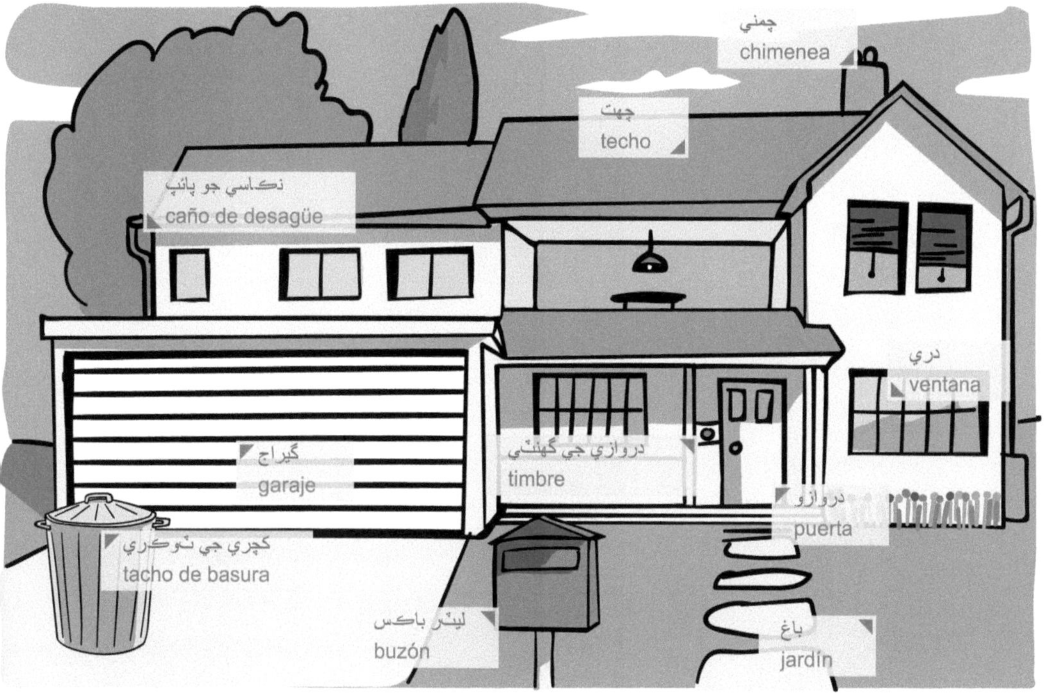

لوونگ روم

living

غسل خانو

baño

باورچي خانو

cocina

بيڊروم

dormitorio

ٻارن جو ڪمرو

cuarto de los chicos

ڊائننگ روم

comedor

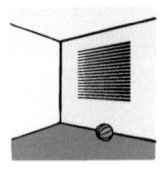

فرش

piso

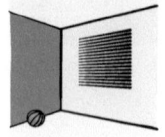

ديوار

pared

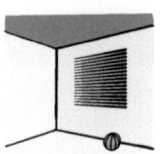

ڇھت

cielorraso

تھخانو

sótano

ٻاڦ وارو غسل

sauna

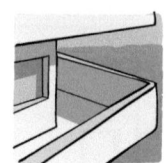

بالڪوني

balcón

ٽيرس

terraza

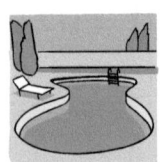

تلاءُ

pileta

گاھ ڪٽڻ واري مشين

cortadora de pasto

چادر

sábana

چادر

acolchado

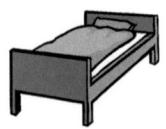

بيڊ

cama

جھاڙو

escoba

بالٽي

balde

سوئچ

interruptor

لوونګ روم

living

وال پیپر
empapelado
تصویر
imagen
لیمپ
lámpara
شیلف
estante
الماري
armario
ټیلیویژن
televisión
باهوواري چمني
chimenea
flor
کشن
almohadón
صوفو
sofá
florero
control remoto

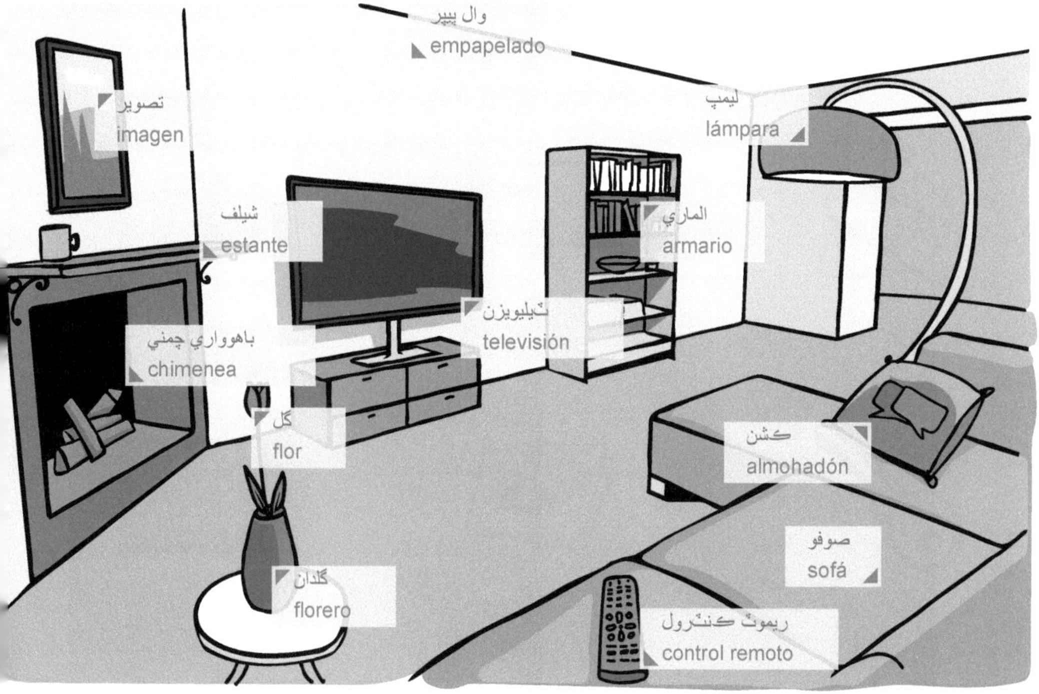

قالین

alfombra

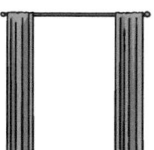

پردو

cortina

میز

mesa

کرسي

silla

لذټ واري کرسي

mecedora

آرام کرسي

sillón

ڪتاب

libro

ڪمبل

frazada

آرائش

decoración

ٻارڻ واريون ڪاٺيون

leña

فلم

película

هائي فائي

equipo de música

چابي

llave

اخبار

diario

پينٽنگ

pintura

پوسٽر

póster

ريڊيو

radio

نوٽ بڪ

cuaderno

ويڪيوم ڪلينر

aspiradora

ٿوهر جو ٻوٽو

cactus

ميڻ بتي

vela

باورچي خانو
cocina

فرج
heladera
مائڪرو ويو اوون
microondas
balanza de cocina
tostadora
detergente
چلهو
horno
فريزر
freezer
ڪچري جي ٽوڪري
tacho de basura
ڊش واشر
lavaplatos

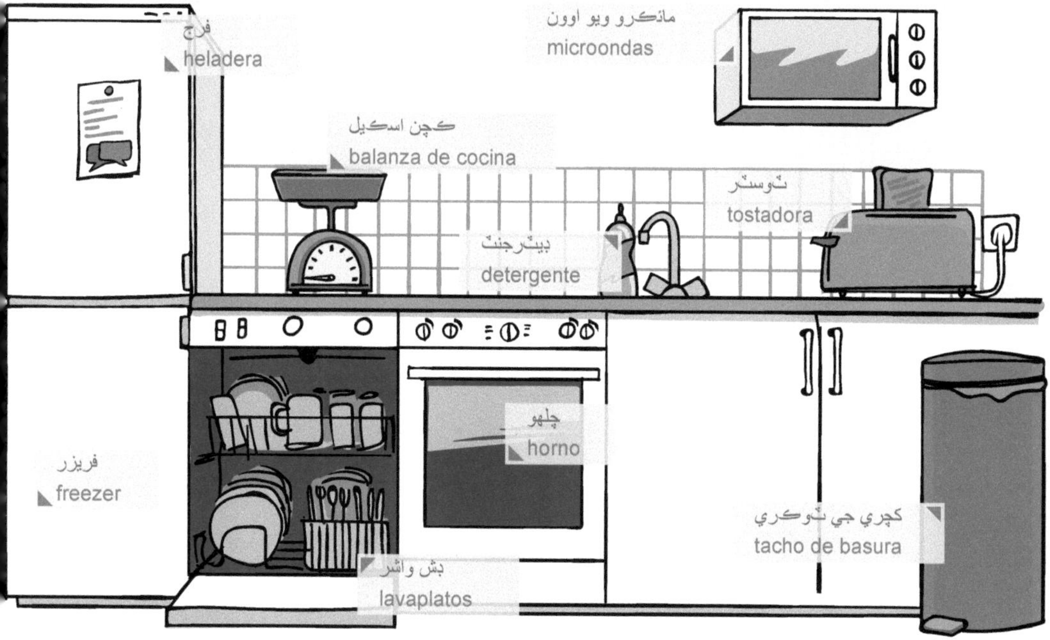

ڪُڪر

cocina

ٿانوَ

olla

ڪاسٽ آئرن جا ٿانو

olla de hierro fundido

ڪڙهائي

wok

ترڻ وارو ٿانو

sartén

ڪيٽلي

pava

اسټیمر

vaporera

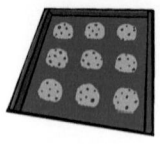

بیکنگ ټري

bandeja de horno

کراکري

vajilla

مگ

taza

پیالو

bol

چاپ اسټکس

palitos

ډوئي

cucharón

ټفټي

estpátula

سبزي مکسر

batidora

چهاڼي

colador

چهاڼي

colador

کدو کش وارو اوزار

rallador

اکري

mortero

بار بي کيو

parrilla

کليل باه

fogata

سبزي ڪٽڻ وارو بورڊ

tabla de picar

ويلڻ

palo de amasar

ڪارڪ اسڪريو

sacacorchos

ڪين

lata

ڪين اوپنر

abrelatas

ٿانوَ پڪڙڻ وارو ڪپڙو

manopla

سنڪ

pileta

برش

cepillo

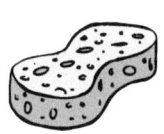

اسفنج

esponja

بلينڊر

batidora

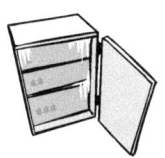

ڊيپ فريزر

congelador

بار جي بوتل

mamadera

نل

canilla

غسل خانو

baño

هیټنګ
calefacción
ټوال
toalla
شاور
ducha
شاور کرټین
cortina de ducha
ببل باټ
baño de espuma
باټ ټب
bañadera
واشنګ مشین
lavarropas
ټائلز
baldosas
نل
canilla
ګلاس
vaso
پاټي
pelela
سنک
pileta

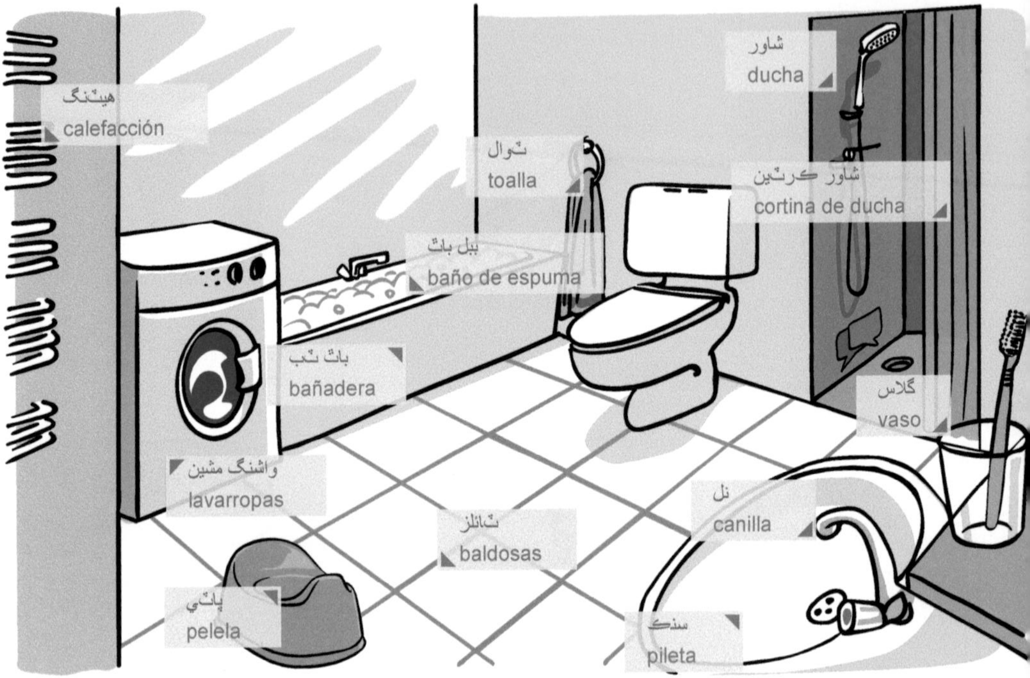

ټائلټ
....
inodoro

اوکړو ویهڅ وارو ټوائلټ
....
letrina

شرم ګاه ډوئڅ وارو ټب
....
bidé

پیشاب ګاه
....
mingitorio

ټائلټ پیپر
....
papel higiénico

ټائلټ برش
....
cepillo para el inodoro

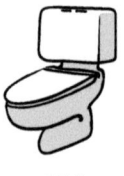

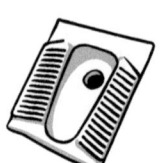

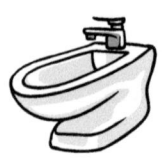

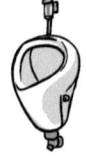

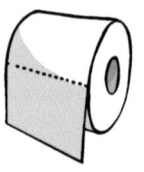

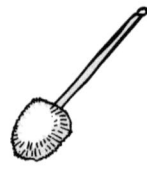

ټوته برش

cepillo de dientes

ټوته پیسټ

dentífrico

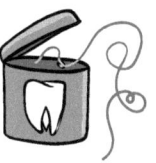

ډینټل فلاس

hilo dental

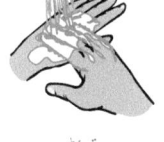

ذوئټ

lavar

هینډ شاور

ducha de mano

شاور

ducha higiénica

بیک برش

palangana

بیک برش

cepillo para espalda

صابن

jabón

شاور جیل

gel de ducha

شیمپو

shampoo

فلالین

toallita

برین

desagüe

کریم

crema

ډیوډورنټ

desodorante

آئينو

espejo

هٿ ۾ پڪڙڻ وارو آئينو

espejito

ريزر

maquinita de afeitar

شيونگ فوم

espuma de afeitar

آفٽر شيو

aftershave

ڦڻي

peine

برش

cepillo

هيئر ڊرائير

secador de pelo

هيئر اسپري

spray

ميڪ اپ

maquillaje

سرخي

lápiz de labios

نيل وارنش

esmalte para uñas

ڪپھ

algodón

نيل سيزر

tijera para uñas

پرفيوم

perfume

واش بيگ

portacosméticos

اسٽول

banqueta

وزن ڪرڻ واري مشين

balanza

باٿ روب

bata

ربڙ جا دستانا

guantes de goma

ٽيمپون

tampón

صفائي وارو ٽاول

toallita femenina

ڪيميائي ٽوائلٽ

baño químico

ٻارن جو ڪمرو

cuarto de los chicos

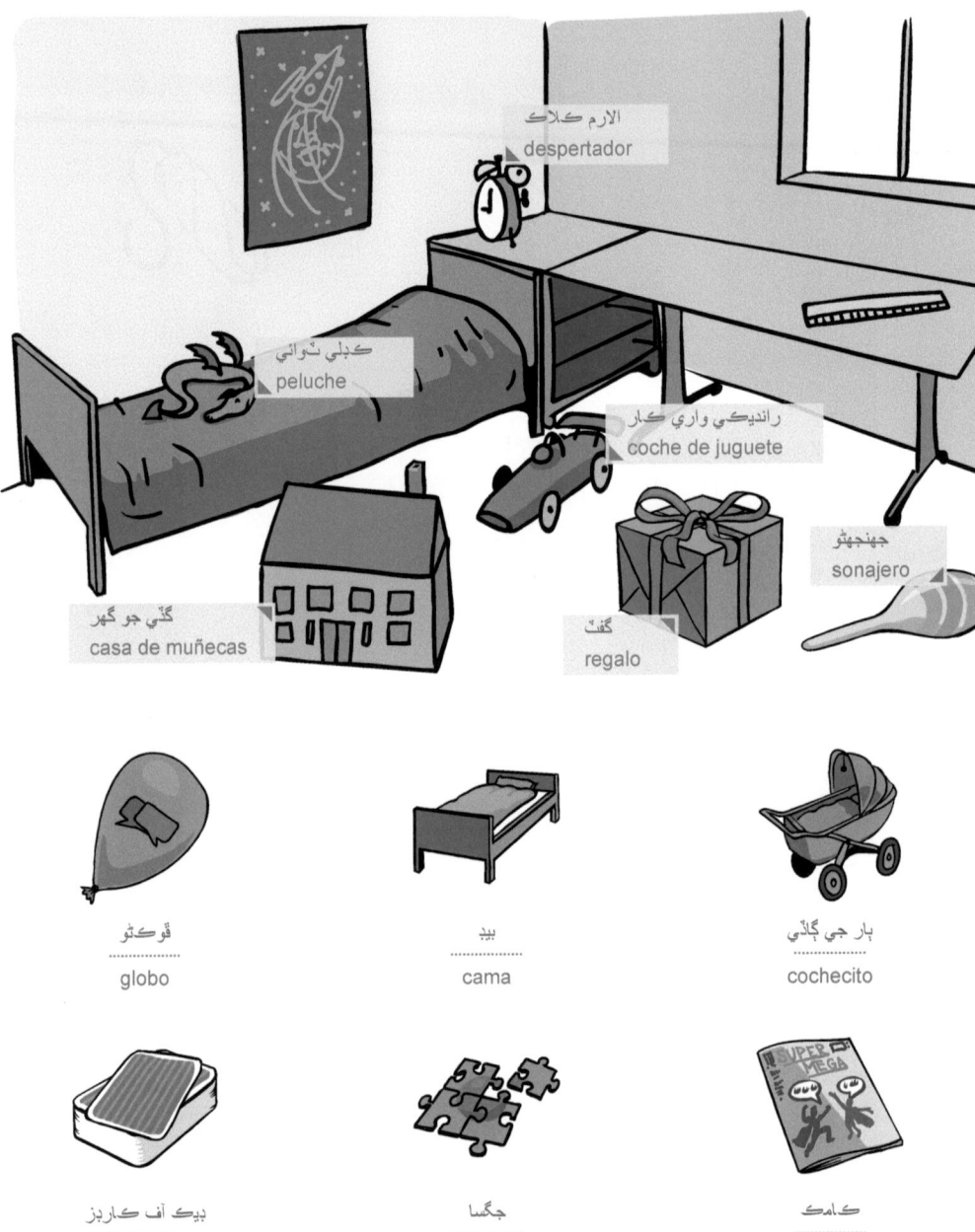

الارم ڪلاڪ
despertador
peluche
راندیڪي واري ڪار
coche de juguete
گڏي جو گهر
casa de muñecas
گفٽ
regalo
جهنجهٽو
sonajero

ڦوڪڻو
globo

بيڊ
cama

ٻار جي ڳاڏي
cochecito

ڊيڪ آف ڪارڊز
cartas

جگسا
rompecabezas

ڪامڪ
historieta

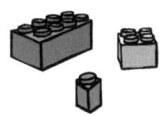

ليگوبرگس

piezas de lego

رانديڪن وارا بلاڪس

ladrillos de juguete

ايڪشن فگر

figura de acción

ٻيبي گرو

enterito (de bebé)

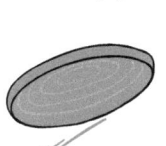

فرسبي

frisbee

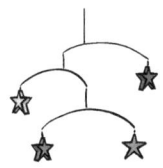

رانديڪي واري موبائل

móvil para bebés

بورڊ گيم

juego de mesa

ڇهڪو

dados

ماڊل ٽرين سيٽ

tren eléctrico

ٻارن جي چوسڻ واري نپل

chupete

پارٽي

fiesta

تصوير واري ڪتاب

libro de cuentos ilustrado

بال

pelota

گڏي

muñeca

کيڏڻ

jugar

سينڊ پٽ

arenero

جھولا

hamaca

رانديڪا

juguetes

وڊيو گيم ڪنسول

consola de videojuegos

ٽن ڦيٿن واري سائيڪل

triciclo

ٽيڊي بيئر

osito de peluche

ڪپڙن جي الماري

armario

لباس

ropa

جرابا

medias

اسٽاڪنگز

medias panty

ٽائيٽس

calzas

اسکارف
bufanda

چتّي
paraguas

بيلٹ
cinturón

تّي شرٹ
remera

جاگر شوز
zapatillas

بوٹ
botas

چپل
pantuflas

سينڈل
sandalias

جوتا
zapatos

ربّرّ جا بوٹ
botas de goma

انڈربينّس
ropa interior

بريزر
corpiño

واسکٹ
chaleco

جسم

body

پتلون

pantalones

جينز پينٽ

jeans

اسڪرٽ

pollera

چولو

blusa

قميض

camisa

جرسي

pulóver

هوڊي

buzo

بليزر

blazer

جيڪٽ

campera

ڪوٽ

tapado

بارش ۾ پائڻ وارو ڪوٽ

piloto

پوشاڪ

traje

لباس

vestido

شادي جولباس

vestido de novia

سوٹ

....

traje

نائٹ گاؤن

....

camisón

پاجامو

....

pijama

ساڙي

....

sari

مٿي تي ٻڌڻ وارو اسڪارف

....

pañuelo para cabeza

پڳڙي

....

turbante

برقعو

....

burka

ڪفتان

....

caftán

عبايو

....

abaya

تيراڪي جو لباس

....

traje de baño

چڏي

....

short de baño

نيڪر

....

shorts

ٽريڪ سوٽ

....

jogging

اپرن

....

delantal

دستانا

....

guantes

بټڼ

botón

چشمو

anteojos

بريسليټ

pulsera

هار

collar

مندي

anillo

واليون

aro

ټوپي

gorra

کوټ هينګر

percha

ټوپي

sombrero

ټاني

corbata

زپ

cierre

هيلمټ

casco

بريسز

tiradores

اسکول يونيفارم

uniforme escolar

وردي

uniforme

ٻارن لاءِ ڳلي ۾ ٻڌڻ وارو ڪپڙو

babero

ٻارن جي چوسڻ واري نپل

chupete

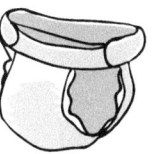

ڪڇو

pañal

آفس

oficina

سرور
servidor
فائلن جي الماري
archivero
پرنٽر
impresora
ڪاغذ
papel
مانيٽر
monitor
ماؤس
mouse
ميز
escritorio
فولڊر
carpeta
ڪي بورڊ
teclado
ردي جي ٽوڪري
tacho (de basura)
ڪمپيوٽر
computadora
ڪافي مگ
silla

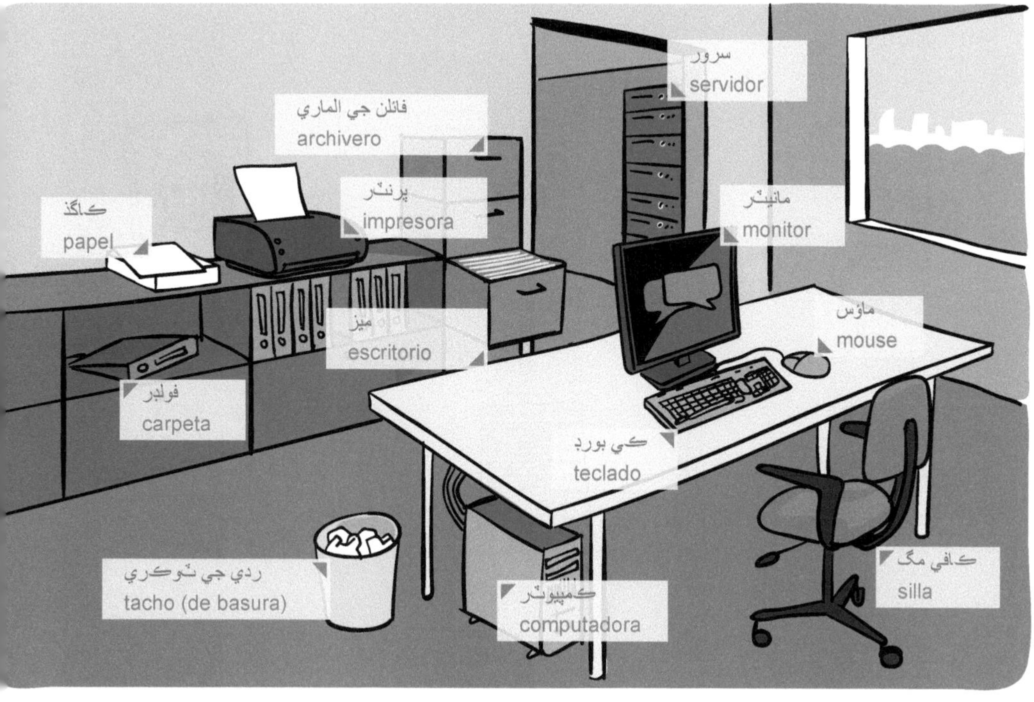

ڪافي مگ

taza de café

ڪيلڪيوليٽر

calculadora

انٽرنيٽ

internet

ليپ ٹاپ

laptop

خط

carta

پيغام

mensaje

موبائل

celular

نيٹ ورک

red

فوٹو کاپي کرڻ واري مشين

fotocopiadora

سافٹ ويئر

software

ٹيلي فون

teléfono

پلگ ساکٹ

tomacorriente

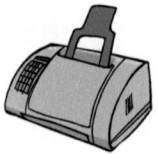

فيکس مشين

fax

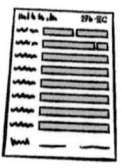

فارم

formulario

دستاويز

documento

economía

خرید کرڑ
....
comprar

ادا کرڑ
....
pagar

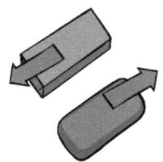

صاف کرڑ
....
hacer negocios

پیسا
....
dinero

ڈالر
....
dólar

یورو
....
euro

ین
....
yen

روبل
....
rublo

سوئس فرانک
....
franco suizo

رینمنبی یوآن
....
yuan

روپیو
....
rupia

کیش پوائنٹ
....
cajero automático

رقم تبديل ڪرائڻ جي آفيس

....

casa de cambio

سون

....

oro

چاندي

....

plata

خام تيل

....

petróleo

توانائي

....

energía

قيمت

....

precio

معاهدو

....

contrato

ٽيڪس

....

impuesto

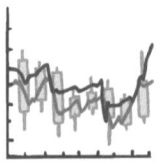

ذخيرو

....

acción

ڪم ڪرڻ

....

trabajar

ملازم

....

empleado

آجر

....

empleador

فيڪٽري

....

fábrica

دڪان

....

negocio

پیشو
ocupaciones

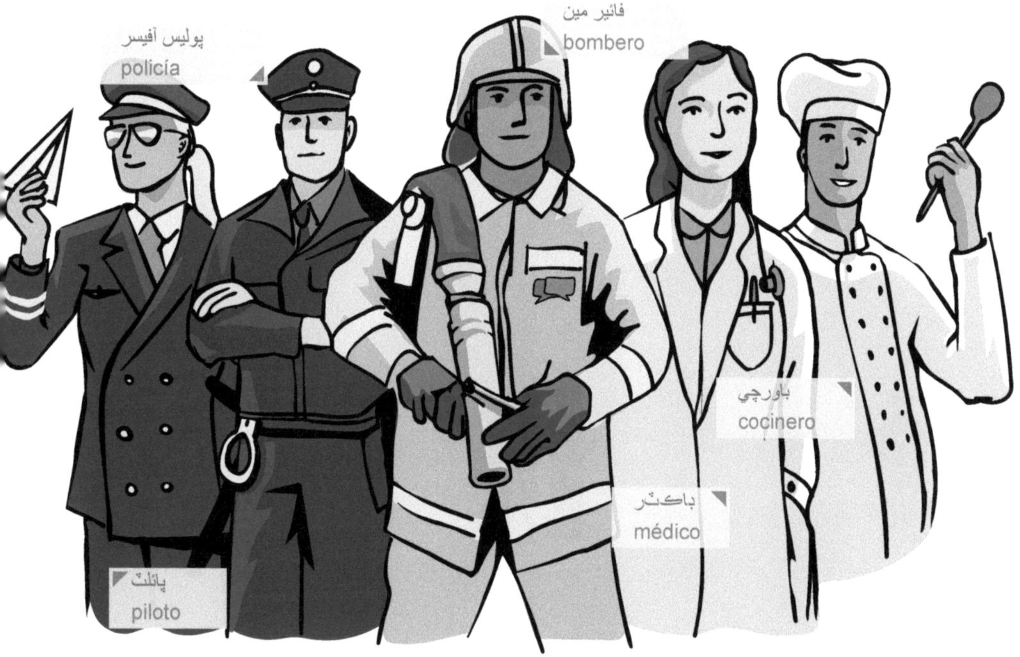

فائیر مین
bombero
پولیس آفیسر
policía
باورچي
cocinero
ډاکټر
médico
پائلټ
piloto

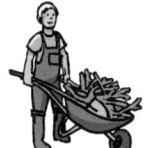

مالي
jardinero

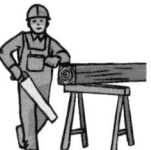

وایو
carpintero

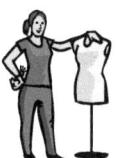

درزن
modista

جج
juez

کیمیسټ
farmacéutico

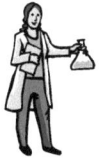

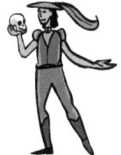

اداکار
actor

بس ڊرائيور

colectivero

ٽيڪسي ڊرائيور

taxista

مڇي مارڻ وارو

pescador

صفائي ڪرڻ واري مائي

mucama

ڇهت ٺاهڻ وارو

techista

ويٽر

mozo

شڪاري

cazador

رنگ ساز

pintor

نانوائي

panadero

اليڪٽريشن

electricista

بلڊر

albañil

انجنيئر

ingeniero

ڪاسائي

carnicero

پلمبر

plomero

پوسٽ مين

cartero

سپاهي

soldado

آرکیټیکټ

arquitecto

خزانچي

cajero

گل کپائٹ وارو

florista

نائي

peluquero

کنډیکټر

cobrador

مکینک

mecánico

کپتان

capitán

دینټسټ

dentista

سائنسدان

científico

یهودي عالم

rabino

امام

imán

راهب

monje

پادري

sacerdote

اوزار
herramientas

martillo
پلاس
tenaza
پیچ کش
destornillador
linterna
پانو
llave

ایکسکویٹر

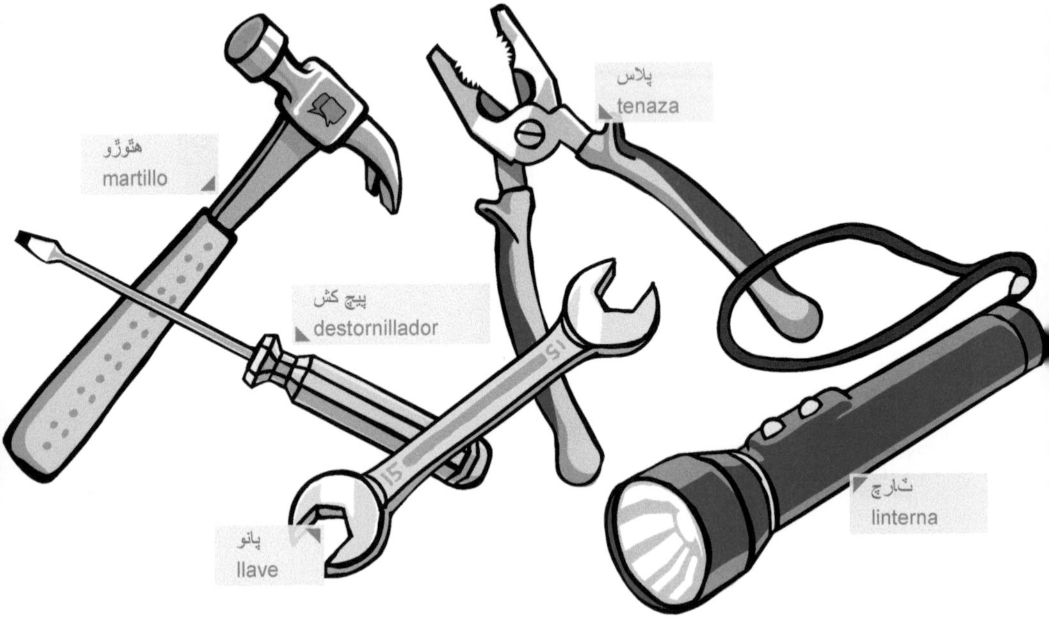

excavadora

ٹول باکس

caja de herramientas

ڈاکٹ

escalera portátil

آري

sierra

کوکو

clavos

برل

taladro

مرمت ڪرڻ

arreglar

بيلچو

pala de jardín

لعنت هجي!

¡Qué bronca!

ڪچري دان

pala de plástico

پينٽ وارو دٻو

tacho de pintura

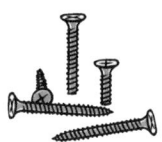

پيچ

tornillos

موسيقي جا اوزار

instrumentos musicales

لاؤڊ اسپيڪر
parlante

ڊبل باس
batería

ڊبل باس
contrabajo

ٽوٽاري
trompeta

گٽار
guitarra

پيانو

piano

وائلن

violín

گٽار

bajo

ٽمپاني

timbales

ڊرم

tambor

ڪي بورڊ

teclado

سيڪوفون

saxofón

بانسري

flauta

مائيڪروفون

micrófono

موسيقي جا اوزار - instrumentos musicales

چڙيا گهر

zoológico

داخل ٿيڻ جو رستو
entrada
چيتا
tigre
پڃرو
jaula
زيبرا
cebra
جانورن جي خوراڪ
alimento para animales
پانڊو
oso panda

جانور

animales

هاٿي

elefante

ڪينگرو

canguro

گينڊو

rinoceronte

گوريلو

gorila

رڇ

oso

اٺ

....

camello

شتر مرغ

....

avestruz

شينهن

....

león

ٻولڙو

....

mono

فليمنگو

....

flamenco

طوطو

....

loro

برفاني رڇ

....

oso polar

ڪبوتر

....

pingüino

شارڪ

....

tiburón

مور

....

pavo real

نانگ

....

serpiente

واڳون

....

cocodrilo

چڙيا گهر جو محافظ

....

cuidador del zoológico

گوج مڇي

....

foca

چيتو

....

jaguar

ٽٽون
....
poni

چيتو
....
leopardo

دريائي گھوڙو
....
hipopótamo

چزراف
....
jirafa

باز
....
águila

سوئر
....
jabalí

مڇي
....
pescado

ڪمي
....
tortuga

سامونڊي گھوڙو
....
morsa

لومڙي
....
zorro

هرڻ
....
gacela

deportes

آمریکن فوتبال
fútbol americano

سائکلنگ
ciclismo

تینس
tenis

باسکٹ بال
básquet

تیراکی
natación

باکسنگ
boxeo

أئس هاکي
hockey sobre hielo

فوتبال
fútbol

بیندمنٹن
bádminton

ایتهلیٹکس
atletismo

هینڈ بال
handball

اسکیننگ
esquí

پولو
polo

reír
saltar
abrazar
caminar
cantar
soñar
rezar
besar

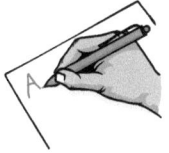

لکڻ

escribir

تصوير ڪشي ڪرڻ

dibujar

ڏيکارڻ

mostrar

ڌڪو ڏيڻ

presionar

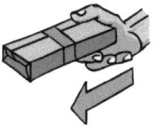

ڏيڻ

dar

وٺڻ

tomar

رکڻ

tener

ڪرڻ

hacer

ٿيڻ

ser

بيهڻ

estar parado

ڀڄڻ

correr

ڇڪڻ

tirar

اڇلائڻ

tirar

ڪرڻ

caer

ڪوڙ ڳالهائڻ

estar acostado

انتظار ڪرڻ

esperar

کڻي وڃڻ

llevar

ويهڻ

estar sentado

تيار ٿيڻ

vestirse

سمهڻ

dormir

جاڳڻ

despertar

ڏسڻ
....
mirar

روئڻ
....
llorar

ڏک هٽڻ
....
acariciar

ڪنگي ڪرڻ
....
peinar

ڳالهائڻ
....
hablar

سمجهڻ
....
entender

پڇڻ
....
preguntar

ٻڌڻ
....
escuchar

پيئڻ
....
beber

کائڻ
....
comer

صاف ڪرڻ
....
ordenar

پيار ڪرڻ
....
amar

پچائڻ
....
cocinar

گاڏي هلائڻ
....
manejar

اڏرڻ
....
volar

بحري سفر ڪرڻ

navegar

حصاب ڪرڻ

calcular

پڙهڻ

leer

سکڻ

aprender

ڪم ڪرڻ

trabajar

شادي ڪرڻ

casarse

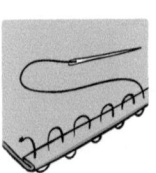

سيڻ

coser

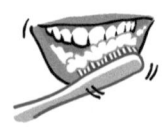

ڏندن کي برش ڪرڻ

cepillarse los dientes

قتل ڪرڻ

matar

سگريٽ پيئڻ

fumar

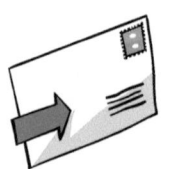

موڪلڻ

enviar

abuela
ڏاڏو يا نانو
abuelo
padre
ماءُ
madre
bebé
hija
hijo

مهمان

invitado

چاچي

tía

چاچو

tío

ڀاءُ

hermano

ڀيڻ

hermana

جسم

cuerpo

پيشاني
frente
اک
ojo
hombro
dedo
منهن
cara
pera
هٿ
mano
ٽنگ
pierna
pecho
brazo

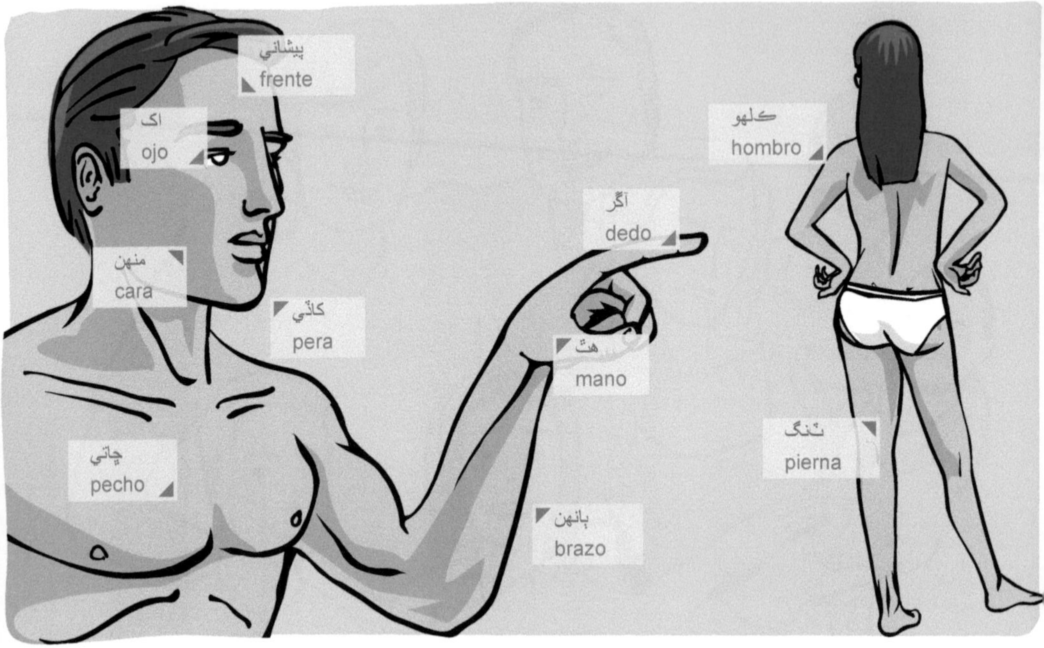

ٻار

bebé

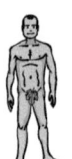

ماڻهون

hombre

عورت

mujer

ڇوڪري

nena

ڇوڪرو

nene

مٿو

cabeza

پٺي

espalda

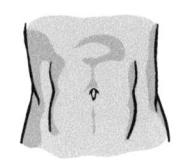

پيٽ

panza

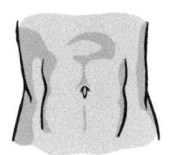

دن

ombligo

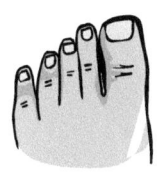

پير جو آڱوٺو

dedo del pie

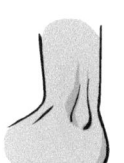

کڙي

talón

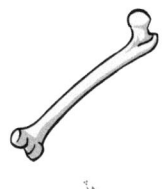

هڏي

hueso

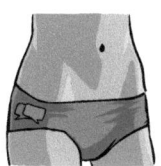

هنڌڻ

cadera

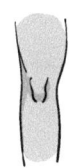

گوڏو

rodilla

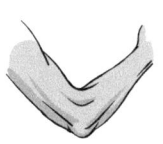

ٺونٺ

codo

نڪ

nariz

هيٺيون حصو

cola

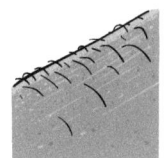

کل

piel

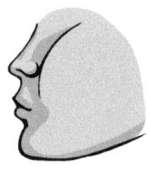

ڳل

cachete

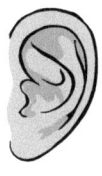

ڪن

oreja

چپ

labio

وات

boca

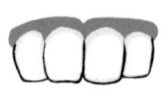

ڏند

diente

زبان

lengua

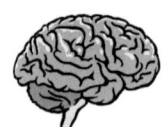

دماغ

cerebro

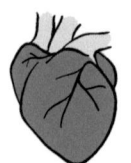

دل

corazón

ڏورو

músculo

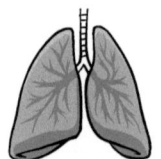

ڦڦڙ

pulmón

جگر

hígado

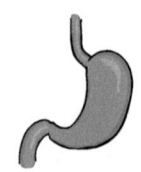

معدو

estómago

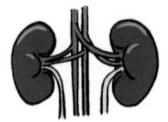

گردا

riñones

جماع ڪرڻ

sexo

ڪنڊوم

preservativo

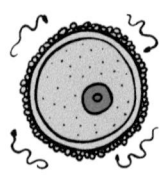

بيضه

óvulo

مني

semen

حمل

embarazo

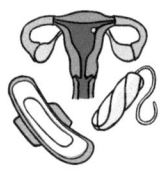

حيض
....
menstruación

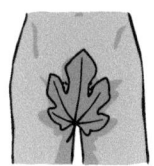

ٻچيداني جي نالي
....
vagina

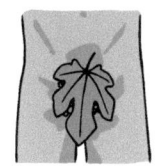

مردانو مخصوص عضوو
....
pene

ڀرون
....
ceja

وار
....
pelo

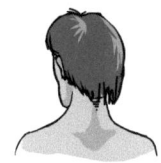

ڳچي
....
cuello

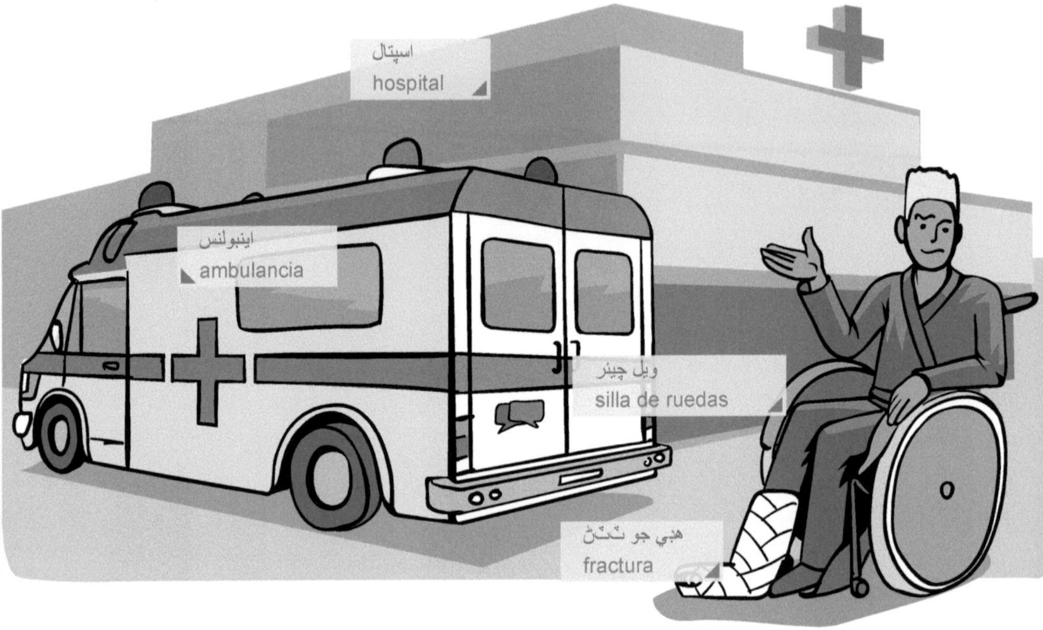

اسپتال

hospital

اينبولنس
ambulancia
ويل چيئر
silla de ruedas
هڏي جو ٽٽڻ
fractura

ڊاڪٽر

médico

هنگامي ڪمرو

sala de guardia

نرس

enfermera

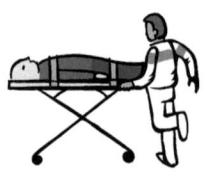

ايڪسري

emergencia

بيهوش

inconsciente

سور

dolor

زخم
lesión

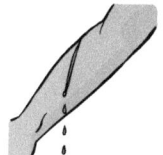

رت وهڻ
hemorragia

دل جو دورو
infarto

فالج
ACV

الرجي
alergia

کنگهه
tos

بخار
fiebre

زڪام
gripe

دست
diarrea

مٿي جو سور
dolor de cabeza

ڪينسر
cáncer

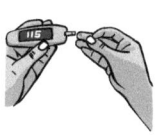

ذيابيطس
diabetes

سرجن
cirujano

جراحي بليڊ
bisturí

آپريشن
operación

سي ٽي

TC

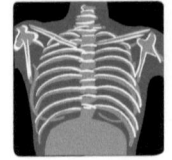

ايڪسري

rayos x

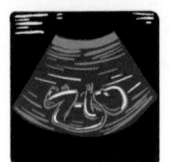

الٽراساؤنڊ

ecografía

منهن جي ماسڪ

barbijo

بيماري

enfermedad

انتظار ڪرڻ جو ڪمرو

sala de espera

بيساکهي

muleta

پالاسٽر

curita

پٽي

venda

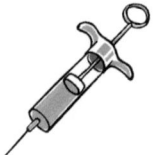

انجيڪشن

inyección

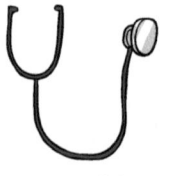

اسٽيٿهوسڪوپ

estetoscopio

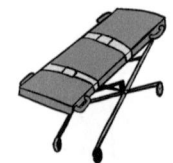

اسٽريچر

camilla

ٿرماميٽر

termómetro

پيدائش

nacimiento

موٽاپو

sobrepeso

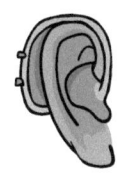

ٻڌڻ واري ڊيوائس

audífono

جراثيم ڪش

desinfectante

انفيڪشن

infección

وائرس

virus

ايچ آئي وي / ايڊز

VIH / SIDA

دوا

remedio

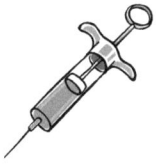

ويڪسينيشن

vacunación

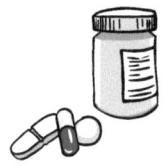

ٽڪي

comprimidos

گوري

pastilla anticonceptiva

هنگامي ڪال

llamada de emergencia

بلڊ پريشر مانيٽر

tensiómetro

بيمار / صحت

enfermo / sano

emergencia

مدد

¡Ayuda!

الارم

alarma

جسماني حملو ڪرڻ

agresión

حملو ڪرڻ

ataque

خطره

peligro

هنگامي حالت ۾ نڪرن جو رستو

salida de emergencia

باه

¡Fuego!

باه وسائڻ جو اوزار

matafuego

حادثو

accidente

ابتدائي طبي امداد

botiquín de primeros
auxilios

ايس او ايس

SOS

پوليس

policía

زمين
Tierra

يورپ

Europa

اتر آمريڪا

América del Norte

ڏکڻ آمريڪا

América del Sur

آفريقا

África

ايشيا

Asia

آسٽريليا

Australia

ائٽلانٽڪ

Atlántico

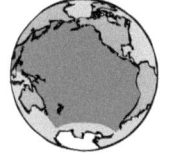

پيسفڪ

Pacífico

بحر هند

Océano Índico

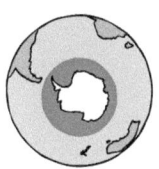

انٽارڪٽڪ سمنڊ

Océano Antártico

آرڪٽڪ سمنڊ

Océano Ártico

اتر قطب

polo norte

ڏکڻ قطب

polo sur

انٽارڪٽيڪا

Antártida

زمين

Tierra

زمين

tierra

سمنڊ

mar

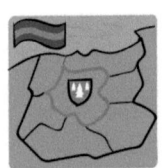

جزيرو

isla

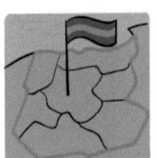

قوم

nación

رياست

estado

گھڙي جو سامهون حصو
....
esfera

ڪلاڪ واري سوئي
....
manecilla de las horas

منٽ واري سوئي
....
minutero

سيڪنڊن واري سوئي
....
segundero

ٽائم گھڻو ٿيو آهي؟
....
¿Qué hora es?

ڏينهن
....
día

وقت
....
hora

هاڻي
....
ahora

ڊجيٽل گھڙي
....
reloj digital

منٽ
....
minuto

ڪلاڪ
....
hora

هفتو

semana

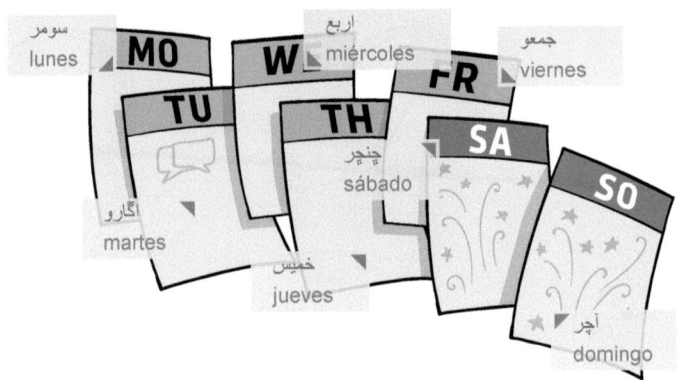

سومر
lunes

اگارو
martes

اربع
miércoles

خميس
jueves

جمعو
viernes

چنچر
sábado

آچر
domingo

کله
....
ayer

اج
....
hoy

سبائي
....
mañana

صبح
....
mañana

منجهند
....
mediodía

شام
....
tarde

ڪاروباري ڏينهن
....
días hábiles

هفتي جو آخر
....
fin de semana

سال

año

برسات
lluvia
arco iris
برف
nieve
هوا
viento
بهار
primavera
خزان
otoño
گرمي جي موسم
verano
سردي جي موسم
invierno

4.APRIL 11°
5.APRIL 4°
6.APRIL 13°
7.APRIL 8°
8.APRIL 10°

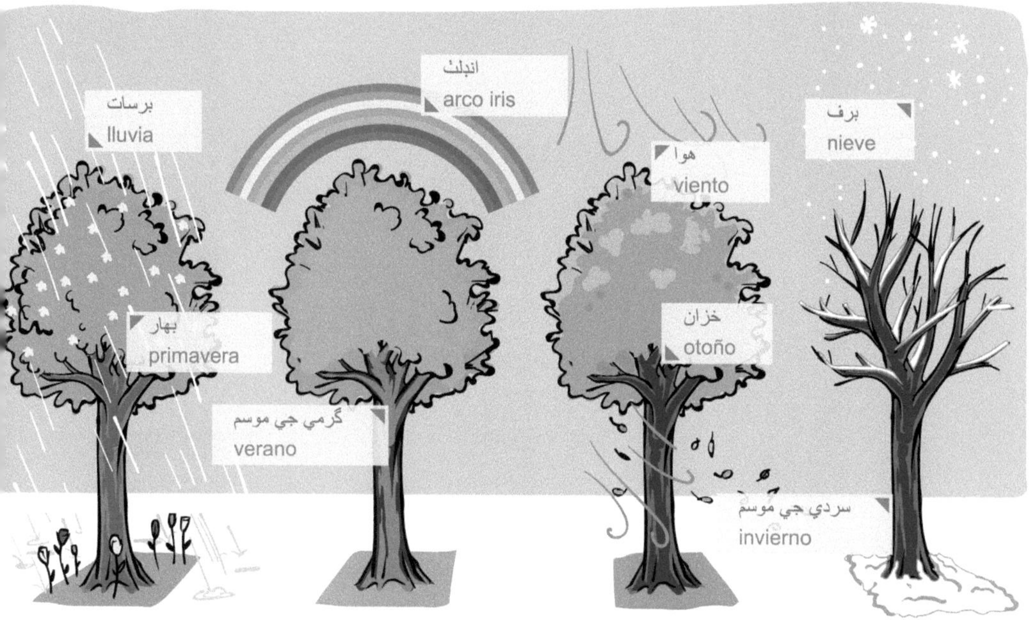

موسم جي پيشنگوهي

pronóstico meteorológico

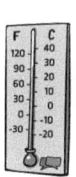

ٿرماميٽر

termómetro

اُس

luz del sol

بادل

nube

ڌنڌ

niebla

نمي

humedad

آسماني بجلي

rayo

ٽرماميٽر

trueno

طوفان

tormenta

ڳڙن جو مينهن

granizo

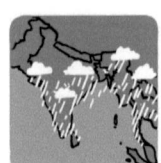

مون سون

monzón

ٻوڏ

inundación

برف

hielo

جنوري

enero

فيبروري

febrero

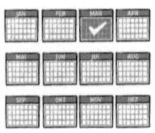

مارچ

marzo

اپريل

abril

مئي

mayo

جون

junio

جولائي

julio

آگسٽ

agosto

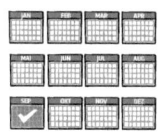

سیپټمبر

septiembre

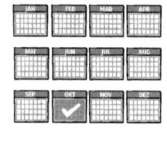

آکټوبر

octubre

نوبمر

noviembre

بسمبر

diciembre

شکلون

formas

دائرو

círculo

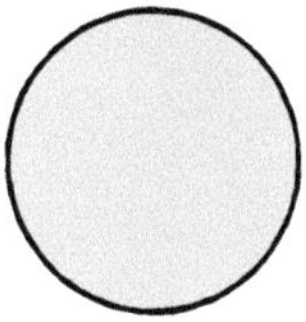

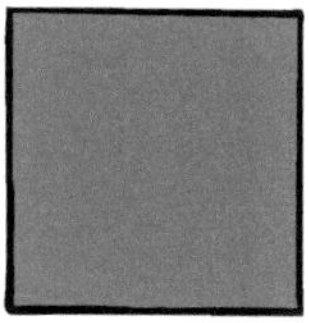

چکور

cuadrado

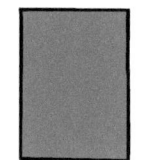

مستطیل

rectángulo

ټکنبي

triángulo

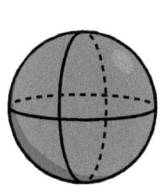

کره

esfera

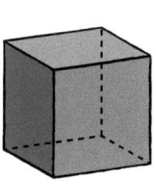

کعب

cubo

ڪلر

colores

اڇو

blanco

پيلو

amarillo

نارنجي

naranja

گلابي

rosa

ڳاڙهو

rojo

جامني

violeta

نيرو

azul

سائو

verde

ناسي

marrón

ڀورو

gris

ڪارو

negro

opuestos

گهڻو / ٿورو

mucho / poco

ناراض / پر سکون

enojado / tranquilo

خوبصورت / بدصورت

lindo / feo

شروعات / ختم

principio / fin

وڏو / ننڍو

grande / chico

روشني / اونده

claro / oscuro

ڀيڻ / ڀائي

hermano / hermana

صاف / خراب

limpio / sucio

مکمل / نا مکمل

completo / incompleto

ڏينهن / رات

día / noche

مردہ / زندہ

muerto / vivo

ويڪهو / تنگ

ancho / angosto

کائڻ قابل نه هجڻ / کائڻ جي قابل هجڻ

....

comestible / no comestible

برو / سٺو

....

malo / amable

پرجوش / بوريت جوشڪار

....

entusiasmado / aburrido

موٽو / پتلو

....

gordo / flaco

پهريون / آخري

....

primero / último

دوست / دشمن

....

amigo / enemigo

پريل / خالي

....

lleno / vacío

سخت / نرم

....

duro / blando

ڳورو / هلڪو

....

pesado / liviano

بک / اڃ

....

hambre / sed

بيمار / صحت

....

enfermo / sano

غيرقانون / قانوني

....

ilegal / legal

عقلمند / بيوقوف

....

inteligente / estúpido

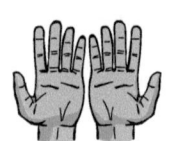

سڌو / ابتو

....

izquierda / derecha

ويجهي / پري

....

cerca / lejos

نئون / استعمال ٿيل

nuevo / usado

ڪجھ بہ نہ / ڪجھ

nada / algo

پوڙهو / نوجوان

viejo / joven

آن / آف

encendido / apagado

کليل / بند

abierto / cerrado

خاموش / بلند آواز سان

silencioso / ruidoso

امير / غريب

rico / pobre

صحيح / غلط

correcto / incorrecto

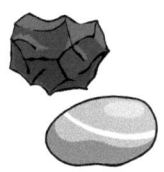

کهورو / لسو

áspero / suave

غمگين / خوش

triste / contento

مختصر / ڊگهو

corto / largo

آهسته / تيز

lento / rápido

آلو / سڪل

mojado / seco

گرم / ٿڌو

caliente / frío

جنگ / امن

guerra / paz

نمبرز
números

0	1	2
زيرو	هڪ	ٻه
cero	uno	dos
3	4	5
ٽي	چار	پنج
tres	cuatro	cinco
6	7	8
ڇه	ست	اٺ
seis	siete	ocho
9	10	11
نوَ	ڏه	يارهن
nueve	diez	once

12	13	14
بارهن	تيرهن	چوڏهن
doce	trece	catorce
15	16	17
پندرهن	سورهن	سترهن
quince	dieciséis	diecisiete
18	19	20
ارڙهن	اوڻويه	ويه
dieciocho	diecinueve	veinte
100	1.000	1.000.000
سو	هزار	ڏه لک
cien	mil	millón

انگریزي

inglés

آمریکي انگریزي

inglés americano

چیني میندارن

chino mandarín

هندي

hindi

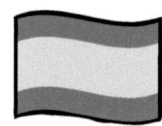

اندلسي بولي

español

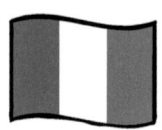

فرانسیسي

francés

عربي

árabe

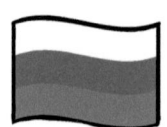

روسي

ruso

پرتگالي

portugués

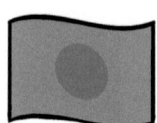

بنگالي

bengalí

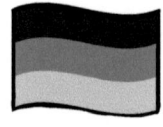

جرمن

alemán

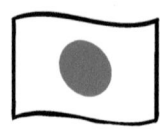

جاپاني

japonés

ڪير / ڇا / ڪيئن

quién / qué / cómo

مان

yo

تون

vos

هي ڇوڪري/ هي ڇوڪرو / هو

él / ella

اسان

nosotros

تون

ustedes

هو

ellos

ڪير؟

¿quién?

ڇا؟

¿qué?

ڪيئن

¿cómo?

ڪٿي؟

¿dónde?

ڪڏهن؟

¿cuándo?

نالو

nombre

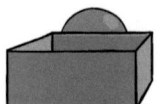

ڪاڏي

dónde

پويان
....
detrás

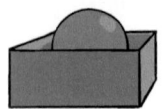

....
en

جي سامهون
....
adelante de

مٿي
....
por encima de

تي
....
sobre

هيٺ
....
debajo de

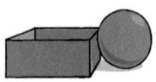

گڏ
....
al lado de

وچ ۾
....
entre

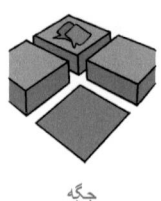

جڳهه
....
lugar